Lafisse

—

Rapport.
Au
Ministre de l'Intérieur.

P.

T^e 160
180.

RAPPORT

De l'Inspecteur du gouvernement près l'établissement des Eaux minérales factices des Citoyens Nicolas PAUL, TRIAYRE et compagnie,

AU MINISTRE DE L'INTÉRIEUR.

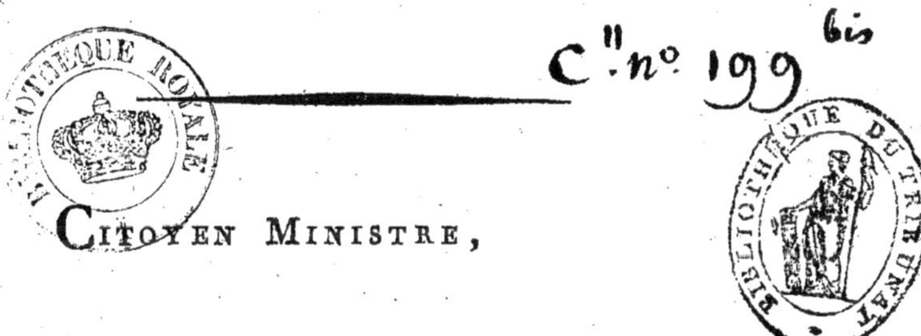

CITOYEN MINISTRE,

Chargé, depuis un an, de surveiller la fabrication des Eaux minérales factices, et de rendre compte au gouvernement de leurs effets, je vais m'acquitter de ce dernier devoir avec autant de fidélité que j'ai mis d'exactitude à remplir le premier. Après vous avoir exposé ce qui regarde l'établissement en lui-même, je vous présenterai, citoyen Ministre, les observations que j'ai faites sur les malades ; j'y joindrai quelques réflexions sur l'administration des Eaux et sur les moyens de rendre leur usage plus généralement utile.

Mon premier soin a été de m'assurer que les différentes Eaux qui se fabriquent dans cet établissement, y sont

A

constamment préparées suivant les formules et par les procédés soumis par les entrepreneurs au jugement de l'Institut national et de la Société de médecine de Paris, et consignés dans les rapports publiés par ces deux compagnies. Ces Eaux contenant toujours les mêmes principes et dans les mêmes proportions, on peut en attendre toujours les mêmes effets, dans les circonstances pareilles. Quelques-unes de ces Eaux ont subi des modifications qui ont été jugées nécessaires et demandées par les médecins. Ainsi, l'Eau de Vichy ayant paru trop chargée de gaz acide carbonique, on a diminué de beaucoup la proportion de ce gaz.

Aux différentes espèces d'Eaux que fabriquaient précédemment les citoyens Paul, Triayre et compagnie, ils en ont ajouté quatre dont il ne se trouve pas en France de sources pareilles. Ce sont les eaux sulfureuses de Naples, celles de Gurgitelli, de Pisciarelli et de Louëche. Les trois premières appartiennent au territoire de Naples, où l'on en fait un grand usage. Elles sont composées d'après les analyses très-exactes qu'en a fournies M. Attumonelli, médecin et professeur de Naples.

Composition de l'Eau sulfureuse, dite de Naples.

Cette Eau contient le quart de son volume, de gaz hydrogène sulfuré, et deux fois son volume de gaz acide carbonique.

On l'emploie avec succès dans les maladies de la peau, dans les affections du foie, le scorbut, les flux de ventre invétérés, les maux syphilitiques, etc.

Eau de Gurgitelli.

	gram. mill.	
Eau commune.	611,440	20 onces.
Carbonate de soude. . .	2,650	50 grains.
Muriate de soude	0,530	10 grains.
Carbonate de chaux . . .	2,120	40 grains.
Magnésie.	1,060	20 grains.
Gaz acide carbonique . .	deux fois son volume.	

Cette Eau est particulièrement utile en bains, douches, lotions et injections dans les rhumathismes chroniques, les paralysies, les ulcères anciens, les sinus, les caries des os, les faiblesses organiques et les différentes espèces de *prolapsus.*

Eau de Pisciarelli.

	gram. mill.	
Eau commune	611,440	20 onces.
Sulfate d'alumine. . . .	0,530	10 grains.
Sulfate de fer.	1,113	21 grains.
Sulfate de chaux.	0,742	14 grains.
Acide sulfurique.	0,530	10 grains.
Gaz acide carbonique . .	cinq fois son volume.	

Cette Eau s'emploie beaucoup à Naples contre les go-norrhées invétérées; on la dit aussi très-efficace dans la leucorrhée, le diabète et la phtysie pulmonaire. Plusieurs médecins assurent qu'elle peut remplacer le quinquina dans plusieurs espèces de fièvres, ce qui serait un très-grand avantage. Il faut la donner avec précaution, à raison de l'acide sulfurique qu'elle contient. On la coupe ordinairement avec le petit-lait, l'eau d'orge, ou simplement avec l'eau commune. La dose est depuis trois jusqu'à vingt décagrammes (depuis une once jusqu'à six), et au-delà, dans la journée, en une ou deux prises. Le peu d'occasions qui se sont présentées d'en faire usage à Paris, n'ont pas fourni des observations suffisantes pour rien dire de positif sur l'efficacité de cette eau. L'eau sulfureuse de Naples et celle de Gurgitelli ont eu beaucoup plus de débit, et leurs succès ont été marqués.

Eau de Louëche.

Sa composition est la même que celle de l'eau de Barége, avec cette seule différence qu'elle contient un tiers de plus de gaz sulfureux, ce qui lui donne plus d'activité et la fait préférer, dans les cas où l'eau de Barége est insuffisante.

En augmentant le nombre de leurs eaux, les citoyens Paul, Triayre et compagnie, ont aussi multipliéles moyens de les administrer. Au lieu de six cabinets établis d'abord pour les grandes douches, ils viennent d'en porter le nombre à douze, et les ont disposés d'une manière plus commode et plus agréable.

Ils ont ajouté nouvellement encore à leur établissement un bain d'immersion dans lequel un malade, placé sur un fauteuil suspendu, peut être plongé à plusieurs reprises dans l'eau froide ou chaude, et recevoir la douche en forme de jet ou de pluie, suivant la prescription du médecin.

Ils ont donné à leur bain de vapeurs à l'orientale toute la perfection dont il était susceptible. Le service en est fait d'après les renseignemens les plus exacts sur la manière dont ces bains sont administrés dans le Levant. Les tuyaux par où s'introduisent la chaleur et la vapeur humide n'ayant aucune communication immédiate avec le foyer qui les échauffe , on n'a point à craindre le méphitisme du charbon. Des boëtes de différentes formes sont disposées pour appliquer commodément le bain de vapeurs à la moitié du corps seulement, et, si l'on veut , à un seul membre , comme à une jambe , un bras ou une main.

Un fourneau particulier est destiné au dégagement des différens gaz par la voie sèche, avec un appareil convenable pour les mêlanger en différentes proportions, et les faire respirer commodément.

Enfin , pour ne rien laisser à desirer dans un établissement dont les entrepreneurs ont véritablement à cœur d'être utiles, les citoyens Paul, Triayre et compagnie , ont placé dans une chambre une machine électrique destinée aux malades à qui le bain et les frictions électriques pourraient être ordonnées, avant ou après les bains d'eaux minérales. Ils ont aussi fait faire des chaises commodes , exactement fermées , dans lesquelles on pourra transporter les malades du bain à leur chambre , sans qu'ils éprouvent le moindre refroidissement, même l'hiver.

La même intelligence qui a présidé à l'établissement et à la réunion de tous ces moyens , dirige leur administration journalière. Des maîtres éclairés et surveillans ont choisi des coopérateurs attentifs et adroits, et la moindre justice qu'on puisse rendre à la maison des citoyens Paul,

Triayre et compagnie, est de dire qu'on y voit régner partout le bon ordre, la décence et la propreté.

Observations faites sur les malades.

Depuis le 1er. germinal de l'an 9 jusqu'à celui de l'an 10, un grand nombre de malades y sont venus prendre les eaux minérales : quelques-uns n'en ont éprouvé aucun effet, plusieurs ont été plus ou moins soulagés, la plupart ont obtenu leur parfaite guérison ; c'est à-peu-près ce qui arrive à toutes les sources d'eaux minérales naturelles.

Dartres.

Un citoyen d'un âge moyen, d'une bonne constitution, après avoir été sans succès aux eaux de Louëche, à Bourbonne et à Barège, pour une dartre vive sur le bras, a pris trente bains d'eau de Louëche, et, dans le même temps, buvait tous les jours une bouteille d'eau sulfureuse. Pendant le traitement la dartre a disparu : elle s'est remontrée depuis; on ignore à quel point.

Un autre citoyen d'un âge plus avancé, d'un tempérament délicat, souffrait, depuis plusieurs années, des douleurs rhumatismales gouteuses, quelquefois très-vives dans le dos et les bras, il était tourmenté par une humeur dartreuse, qui, se portant sur les yeux, produisait des ophtalmies plus ou moins fortes, et toujours fort incommodes. Après avoir été disposé par l'application des sangsues, le petit-lait, les sucs d'herbes tempérantes, la purgation, ce malade a pris environ trente bains de Plombières, en buvant l'eau hydro-sulfurée. Les douleurs ont été dissipées et se sont fait peu sentir depuis, les dartres ont presqu'entièrement cédé, les yeux ont très-peu souffert. Ce malade se dispose à reprendre les bains cette année.

Une dame, à la suite d'une couche et d'un lait répandu,

conservait, depuis plusieurs années, une dartre vive sur la bouche et une partie du visage : quarante bains de Barége et les eaux sulfureuses de Naples en boisson l'ont guérie totalement, même avant la fin des bains.

D'autres malades ont pris les eaux et les bains pour des dartres, sans obtenir la guérison qu'ils desiraient, quoique tous aient éprouvé du soulagement. Peut-être n'ont-ils mis dans l'usage de ces moyens ni assez de suite ni assez de persévérance pour détruire un mal qui, très-souvent, se montre rebelle aux traitemens les mieux dirigés.

Un citoyen souffrait des accidens multipliés, par l'effet d'une gale répercutée. Il prit les eaux de Barége en boisson et en bains. Comme ces eaux paraissaient n'avoir pas assez d'action pour déterminer une crise nécessaire, on les porta graduellement au double de la force qu'elles ont naturellement. Le succès fut complet : il se fit sur toute la peau une éruption considérable, l'épiderme se renouvella, et le malade a été délivré des incommodités qu'il éprou- vait auparavant. Il a repris, l'été suivant, par précaution, huit bains de Barége, et s'en est bien trouvé. Ce ma- lade n'est pas le seul à qui les eaux aient été salutaires pour des affections pareilles.

En 1787, un citoyen fut attaqué d'une sciatique violente sur les lombes, la hanche et toute la partie externe de la cuisse et de la jambe du côté droit. Les douleurs furent si vives qu'elles le privèrent de marcher pendant huit mois. Une seconde attaque le reprit dix ans après, et dura six mois. Dans l'intervalle il avait éprouvé plusieurs pe- tites attaques de quelques jours seulement. Au mois de plu- viôse de l'année derniére, la sciatique revint avec force, et après avoir inutilement employé différens moyens pendant deux mois, le malade vint à Paris. Il souffrait encore beaucoup, marchait avec la plus grande peine et le corps courbé en avant ; la hanche droite était plus élevée que l'autre, de manière que le tronc s'inclinait sur le côté gauche, ce qui occasionnait des douleurs dans les fausses côtes, la hanche et la cuisse du même côté. Après une préparation convenable, ce malade a pris les eaux de Plombières en boisson, bains et douches. Dans l'espace d'un mois, les douleurs se sont dissipées peu-à-peu, le corps s'est redressé , les hanches ont repris leur niveau ; enfin le malade est parti complettement guéri, et n'a éprouvé depuis aucune douleur.

Une dame affectée d'une sciatique invétérée, vint au printems pour prendre les eaux de Barége, qui lui avaient été conseillées. Après en avoir fait usage pendant une quinzaine de jours sans succès, on jugea à propos de lui administrer celles de Plombières, qui produisirent une diminution sensible dans les douleurs. La même dame a repris à l'automne les bains et les douches de Plombières, et si elle n'a pas été parfaitement guérie, du moins elle a gagné de marcher assez librement, et de n'éprouver , par intervalles, que des douleurs très-supportables. Elle est partie avec le desir de reprendre les eaux cette année.

Le 20 ventôse dernier, un citoyen qui, depuis quatre mois, éprouvait des douleurs cruelles dans les jambes, les épaules, et principalement dans le cou, d'où elles se répandaient par tout le corps, de manière à ne pouvoir pas quitter son lit, dans lequel même il n'avait pas la faculté de faire seul aucun mouvement, se fit apporter

à

(9)

à la maison des eaux. Le 22 on commença à lui administrer les bains de vapeurs à l'orientale. Les six premiers bains appaisèrent en partie ses douleurs et dégourdirent ses jambes, au point que le 28, à son grand étonnement, il put aller à pied de son appartement à la chambre de bain, soutenu par deux hommes. Le 1er. germinal les douleurs du cou se renouvellèrent : on suspendit les bains de vapeurs, auxquels on substitua les bains et douches de Barège. Cette eau ayant paru trop active, à raison de l'extrême sensibilité du sujet, on se borna aux bains et douches d'eau naturelle. Après trois de ces bains le malade a pu marcher seul, appuyé seulement sur sa canne. On a continué de donner alternativement les bains de vapeurs et ceux d'eau simple avec la douche, et le 21 germinal, le malade est retourné chez lui parfaitement guéri.

Depuis huit ans, un citoyen ressentait dans l'épaule et le bras droit une douleur qu'il regardait comme rhumatismale. Les frictions sèches, l'éther acétique, l'électricité n'avaient produit aucun soulagement. En l'an 8 les douleurs augmentèrent ; en l'an 9, elles devinrent si violentes, qu'au moindre mouvement du bras la contraction spasmodique des muscles semblait produire une luxation incomplette de l'humerus avec l'omoplate, de sorte qu'il était impossible au malade de rapprocher le coude du corps. Cet accident se renouvella plusieurs fois, avec des douleurs excessives. On conseilla les eaux de Barège ; mais comme la saison n'était pas assez avancée, les médecins furent d'avis que le malade essayât les eaux factices. Dès les neuvièmes bain et douche de Barège, il

B

put agir assez librement de son bras sans douleur , et il en avait recouvré complettement l'usage quand il a quitté les eaux factices pour se rendre à Barège , où il avait une mission du gouvernement.

Un autre malade a commencé les bains et douches de Barège au milieu de l'hiver, pour des douleurs de rhumatisme général , qui le privaient de l'usage de tous ses membres. Après six bains et douches, se trouvant très-soulagé , il interrompit son traitement; mais quelques jours après, ayant été frappé du froid et de l'humidité , il retomba dans le même état. Il reprit les bains et les douches, et les ayant continué de suite pendant quelque temps, il a été parfaitement guéri.

Un citoyen de Genêve, souffrant des douleurs violentes à la tête , et de plus, tourmenté d'un rhumatisme à la cuisse, a pris trois bains de vapeurs simples, qui ont fait disparaître ces deux incommodités si complettement , qu'il a cessé les bains comme inutiles.

Deux autres citoyens, attaqués de rhumatisme sur la cuisse et la jambe, ont fait usage des bains et douches de Barège. Après une vingtaine de jours de traitement, n'étant point soulagés, et souffrant même davantage , l'un et l'autre ont quitté les eaux. Mais trois semaines s'étant écoulées, sans employer aucun remède, l'un et l'autre ils ont vu leurs douleurs disparaître, et sans aucun retour depuis un an.

Un jeune citoyen avait contracté à l'armée une sciatique violente, compliquée d'engorgement à la hanche du côté droit, et sur-tout d'un gonflement considérable au genou , qui lui tenait la jambe fléchie et le forçait à marcher avec des béquilles. Environ quarante bains et douches de Plombières pris à différens intervalles, ont calmé les douleurs et dissipé les engorgemens, au point que ce malade a quitté les eaux abandonnant ses béquilles, la jambe redressée, et marchant très-librement.

Une Demoiselle âgée de 57 ans, valétudinaire, fut atta- Paralysies. quée subitement, au mois de thermidor de l'an 4, d'une paralysie du pharinx, accompagnée de pesanteur et d'engourdissement du bras droit, dont le tact, ainsi que celui de la face, était singulièrement émoussé. Après avoir été privée, pendant plusieurs jours, de la faculté d'avaler, mademoiselle put prendre avec peine quelque nourriture. Les remèdes évacuans, stimulans et toniques, furent mis en usage sans beaucoup de succès. Lorsque mademoiselle vint aux eaux, elle éprouvait la même difficulté d'avaler, de manière qu'il lui semblait qu'elle n'avalait que d'un côté. Elle avait la voix éteinte, son bras droit était lourd, se mouvait difficilement et manquait de force. Il y avait de petits mouvemens convulsifs dans les deux bras, les jambes étaient également fortes et la santé d'ailleurs assez bonne. Mademoiselle a pris trente bains de Barège avec une vingtaine de douches. La déglutition est devenue plus facile, la voix plus libre et plus sonore, le bras a repris un peu de force et de mouvement, mais la guérison est restée imparfaite.

Un citoyen de Lyon, affecté, depuis sept ans, de paralysie sur toute la partie droite du corps, a fait usage des bains et douches de Barège. Dès le douzième bain, les mouvemens ont été plus libres. Le 5 ventose dernier, de retour à Lyon, le malade a écrit qu'il se servait avec facilité du bras et de la jambe.

Un homme de lettres des plus distingués, d'un âge avancé et sujet à la goutte, avait tout le côté gauche du corps dans un état de paralysie incomplette. La parole était embarrassée, le bras immobile, la jambe faible et traînante, de sorte que le malade ne pouvait marcher sans être soutenu. Les bains et les douches de Barège pris l'année dernière, ont rétabli la prononciation, rendu à la jambe du mouvement et de la force. Cette année, le malade reprend les eaux, il marche librement, sa parole est nette, le bras acquiert un peu de mouvement; les doigts sont encore immobiles.

Chûte.

Il y a près de deux ans, une dame fit une chûte qui lui causa des douleurs considérables à la hanche et dans la cavité articulaire de la cuisse, du côté droit. Elle fut obligée de garder le lit pendant un mois, et depuis elle marchait difficilement, était bientôt fatiguée, et souffrait toujours plus ou moins. Environ trente bains et douches de Barège ont dissipé les douleurs, rétabli le jeu de l'articulation, et cette dame marche actuellement assez long-temps et sans peine.

Luxation.

Un malade des hospices, âgé de 50 ans environ, à la suite d'une fracture du bras droit, compliquée d'une luxation à l'épaule, que l'enflure ne permit pas d'appercevoir, avait conservé, après la guérison de la fracture, une immobilité totale dans le bras. Quarante bains et douches de Barège ont rétabli les mouvemens de l'avant-bras et de la main, et même ceux du bras, autant que

peut le permettre la luxation toujours existante, de manière que ce malade est en état d'exercer maintenant son
métier de tapissier.

En 1791, un citoyen agé de 30 ans employa des ré Fausse anki
lose au genou.
solutifs qui firent disparaître une dartre incommode placée
au coin de l'œil. Peu de tems après il ressentit des douleurs extrêmement aiguës dans les épaules et les vertèbres
du cou. On attribua ces douleurs à une humeur rhumatismale dartreuse; en conséquence, on administra les remèdes convenables. L'humeur se porta sur la poitrine et
mit le malade en danger. L'établissement d'un cautère,
des boissons mucilagineuses calmèrent les accidens; mais
trois mois après le malade fut pris, en marchant, au genou
droit, d'une douleur tellement aiguë qu'elle lui arracha
des cris. Il survint de l'enflure qui diminua les souffrances.
Des bains ordinaires, des fumigations, des ventouses, des
cataplasmes de toute espèce, des frictions furent employés successivement; malgré tous ces moyens l'enflure
persista, elle était insensible au toucher, mais l'articulation resta douloureuse. La jambe s'émacia, se plia en
arrière, de sorte que le malade ne pouvait s'en servir
qu'en marchant sur la pointe du pied. Enfin les gens de
l'art déclarèrent que la tumeur était une tumeur blanche
ou fausse ankilose, avec laquelle il fallait vivre. Cependant le mal empirait; l'insensibilité de la peau, sa
sécheresse, l'amaigrissement de la cuisse et de la
jambe, la roideur et l'inaction des muscles, l'irritabilité des tendons, le froid glacial et continuel de la
partie en interdisaient presqu'entièrement l'usage. Rebuté de tous les remèdes, le malade était résigné à

prendre des béquilles, quand on lui conseilla de tenter l'usage des eaux minérales factices. Quoique la saison fût avancée, l'espoir de guérir le détermina. Le 2 brumaire, il commença l'usage des bains de Barège qui, dans la suite, furent précédés d'une douche de demi-heure. Bientôt la peau se ramollit, les muscles reprirent de l'action, l'enflure diminua, la rotule devint mobile, les douleurs se calmèrent ; enfin, après quarante bains, le malade s'appuyait sur le pied droit et marchait sans souffrir, le genou était presque revenu à l'état naturel, la jambe et la cuisse reprenaient de la force et de l'embonpoint, et l'hiver ayant forcé le malade à suspendre les bains, il ne les quitta que dans l'espérance de les reprendre, ce dont il n'a pas eu besoin, s'étant trouvé bientôt parfaitement guéri.

Coup de feu. Un citoyen, frappé sous l'aisselle d'un coup de feu, dont la balle était sortie près de l'omoplatte, avait perdu l'usage de la main droite. Quatorze douches de Barège ont suffi pour rendre au bras toute sa force, et à la main tous ses mouvemens.

Maux de tête. Une dame âgée de 34 ans éprouvait, depuis plusieurs années, des douleurs de tête violentes qui lui causaient fréquemment des attaques de nerfs. Elle a pris de suite cinquante bains de Barège, dont elle a ressenti les meilleurs effets. Elle a fait usage depuis, à plusieurs reprises, des bains de Plombières, et a déclaré qu'elle avait trouvé, dans l'établissement des eaux factices, plus de soulagement qu'aux eaux naturelles de Barège, où elle se rendait tous les ans.

Ulcère et Carie. Un malade affecté d'un ulcère à la gorge, avec carie dans le nez, vint s'établir dans la maison des eaux, pour y faire usage de l'eau de Gurgitelli que son médecin lui avait conseillée. Il l'employait en gargarisme et en injections, dix ou douze fois par jour. Pendant le traitement deux portions d'os se sont détachées, et dans l'espace d'un mois, l'ulcère et la carie ont été guéris.

A la suite de plusieurs traitemens anti-syphilitiques, un citoyen jeune et vigoureux éprouvait périodiquement des maux de gorge violens et fréquemment répétés; il a pris deux saisons les eaux de Barège en bains et en boisson, et les maux de gorge l'ont quitté sans retour. Maux de gorge.

Un ancien officier du génie était sujet, depuis plus de trois ans, à des coliques hépatiques très-fortes, qui se rapprochaient de plus en plus. Ses digestions étaient toujours laborieuses, l'ictère foncé de la peau annonçait le mauvais état du foie, la mélancolie, compagne ordinaire de ce genre de maladie, l'inutilité des remèdes jettaient le malade dans le découragement, et son dépérissement graduel était propre à donner des craintes réelles. Après un mois de préparation, l'eau de Vichy prise en boisson, les bains et les douches de Plombières ont dissipé totalement la jaunisse. La bile a repris son cours naturel, les douleurs de la région épigastrique ont cessé, et le malade ayant continué l'eau de Vichy pendant quelque temps, en observant un bon régime, a repris de la vigueur, de l'embonpoint, de la gaieté, et jouit actuellement d'une santé parfaite, sans avoir eu la moindre atteinte de colique depuis un an. Coliques hépatiques.

A l'automne de l'année dernière, une jeune dame avait pris une vingtaine de bains et douches de Barège, pour Pertes blanches.

une perte blanche ancienne et très-opiniâtre , qui avait été parfaitement guérie. L'hiver suivant , cette dame fit une fausse-couche qui ramena la perte un peu moins abondante ; elle répéta le même traitement et avec le même succès.

Plusieurs autres dames ont éprouvé des effets salutaires de ces eaux, pour de semblables incommodités, et même pour des maladies utérines plus graves.

Glandes
engorgées. Une jeune dame avait , depuis deux ans, toutes les glandes maxillaires et celles du cou engorgées , un peu sensibles, et très-volumineuses. Plusieurs remèdes fondans avaient été vainement employés. L'eau hydro - sulfurée pour boisson, les bains et douches de Barège ont fait disparaître entièrement et sans retour l'engorgement de toutes ces glandes.

Telles sont, citoyen Ministre, les principales observations que je puis vous présenter sur les effets des eaux minérales factices des citoyens Nicolas Paul, Triayre et compagnie. Je n'ai pas parlé de tous les malades qui ont fait usage de ces eaux, parce que j'ai cru devoir éviter des répétitions superflues, que plusieurs malades les ont prises trop peu de temps et avec trop peu de suite , pour en obtenir des effets satisfaisans, et que d'autres à qui elles ont été salutaires ont voulu garder le silence sur la nature de leurs maladies.

Les eaux qui se prennent en bains sont presque les seules dont j'aie fait mention dans ce rapport, parce que j'ai pu suivre moi-même leurs effets sur les malades. Quant à celles dont on fait usage en boisson, et qui se vendent au dehors, on peut juger de leur efficacité par l'étendue de

leur

leur débit. Dans le courant de l'année dernière il en a été vendu environ trente mille bouteilles, principalement de celles de Spa, de Seltz, de Sedlitz et de Vichy.

Il résulte de ces observations que les eaux minérales factices des citoyens Nicolas Paul, Triayre et compagnie, peuvent remplacer, dans tous les cas, les eaux minérales naturelles, quant aux effets qui leur sont propres. Les sources naturelles auront toujours de plus en leur faveur les avantages qui résultent pour la santé du changement d'air, du voyage, de l'éloignement des affaires, de la dissipation, de la nécessité où se trouvent les malades d'employer méthodiquement et de suite, des secours qu'ils sont allés à grands frais chercher au loin, et qui deviennent leur principale occupation. Les eaux minérales factices ont peut-être aussi quelque mérite particulier, tel que celui d'être beaucoup moins dispendieuses, d'être à la portée d'un grand nombre de citoyens, pour qui le déplacement est impraticable, de pouvoir être affoiblies ou rendues plus actives au besoin, de pouvoir être substituées les unes aux autres s'il est nécessaire, de présenter, dans le même lieu, des qualités et des propriétés différentes, que la nature a placées à de grandes distances, et qu'il est quelquefois avantageux de réunir.

Quelques bons effets que ces eaux aient produits, il n'est pas douteux qu'elles n'eussent eu plus de succès encore, si plusieurs malades avaient eu plus de constance et d'assiduité dans leur usage, si tous avaient pris les avis de leurs médecins pour les préparations qui pouvaient leur être nécessaires, et pour le choix des eaux qu'il leur était avantageux de prendre. Toutes les eaux ne conviennent pas également dans toutes les circonstances et à tous les tempéramens. Pour ceux dont la fibre est très-irritable, les eaux sulfureuses un peu fortes sont quelquefois trop stimulantes. Ainsi nous avons vu les eaux de Barège augmenter certaines douleurs que l'eau de Plombières appaisait

Pour imiter exactement la nature, on donne les bains et les douches d'eaux thermales à une température un peu élevée. De cette chaleur il résulte nécessairement, dans les fluides, une raréfaction plus ou moins grande, qui peut être nuisible, quand elle se trouve jointe à la vraie pléthore, ou qui du moins est un obstacle aux bons effets des eaux. Il est donc souvent nécessaire de commencer par diminuer le volume du sang, sur-tout quand il y a des engorgemens à résoudre. Des dispositions particulières exigent aussi quelquefois l'usage des altérans et des purgatifs, avant de passer à celui des eaux, afin d'en préparer le succès.

Il est des maladies malheureusement très-communes, dans lesquelles il n'est pas d'usage d'employer les eaux minérales, sans doute parce que ces moyens ont été jusqu'ici trop éloignés. Telles sont les écrouelles, contre lesquelles Bordeu vante l'efficacité des eaux de Barège ; la goutte que Pierre Désault, médecin de Bordeaux, assure avoir guérie plusieurs fois avec ces mêmes eaux, en prescrivant ensuite l'usage du lait, du quinquina uni aux martiaux, et les précautions convenables pour exciter et entretenir la transpiration. Maintenant que l'art imite si parfaitement ces eaux, il serait à desirer, pour l'humanité, qu'on en fît des essais qui pourraient avoir des résultats avantageux.

Malgré la modicité du prix que les citoyens Nicolas Paul, Triayre et compagnie, ont mis à leurs eaux minérales factices, souvent ils se sont empressés d'en diminuer le taux, et même de les fournir gratis à des citoyens peu fortunés. Ils desireraient pouvoir faire de plus grands sacrifices; mais les dépenses qu'ils ont faites depuis trois ans, pour donner à leur établissement toute la perfection qu'on pouvait y desirer, ayant épuisé leurs ressources, ils sont forcés de mettre des bornes à leur bienfaisance. C'est à vous, citoyen Ministre, à vous, qui, par vos connaissances, pouvez si bien juger de l'importance et de l'utilité d'un semblable établissement, de décider s'il ne meriterait pas quelqu'encouragement de la part du gouvernement. Il serait facile de mettre les citoyens Nicolas Paul, Triayre et compagnie, en état de se prêter aux essais qu'il serait convenable de faire, d'administrer, à des conditions très-modérées, les bains et les douches d'eaux minérales aux militaires stationnés à Paris ou dans les environs, qui seraient dans le cas d'en avoir besoin, de fournir de même, à un taux réduit, les eaux minérales qui seraient nécessaires pour la boisson ou en bains aux malades des hospices de Paris et aux indigens. Je n'hésite point, citoyen Ministre, de vous soumettre ces vues, parce que c'est servir votre cœur que de vous offrir l'occasion de faire le bien, parce que c'est se conformer aux intentions d'un gouvernement paternel et réparateur, que d'indi-

quer tous les moyens capables de contribuer au bien-être,
à la conservation et au bonheur des citoyens.

Salut et respect,

L A F I S S E.

Lettre du Ministre de l'Intérieur.

Paris , le 26 Brumaire an 11 de la République Française.

LE MINISTRE DE L'INTÉRIEUR

Aux citoyens NICOLAS PAUL, TRIAYRE et Compagnie.

J'AI soumis, Citoyens, à l'examen de l'école de médecine de Paris,
le rapport du citoyen Lafisse, sur l'établissement des eaux minérales
factices que vous avez formé dans cette ville.

L'école a jugé, ainsi que le citoyen Lafisse, que ces eaux peuvent,
dans beaucoup de circonstances, remplacer les eaux minérales naturelles, qu'elles ont, en général, été utiles, et que l'application en a
été faite avec succès, dans un grand nombre de maladies.

Ces résultats fondés sur diverses expériences et sur l'opinion
d'hommes justement investis de la confiance publique, sont une
caution suffisante de l'importance et de l'efficacité de ces eaux. D'après
cela , je pense qu'il serait à desirer qu'elles fussent plus généralement
connues, et, à cet égard, il ne pourrait qu'être utile de donner de la
publicité au rapport du citoyen Lafisse.

Le gouvernement, dont l'amour pour tout ce qui porte un carac-
tère d'intérêt public est connu, ne pourra qu'applaudir aux efforts
que vous ferez pour généraliser l'usage d'un procédé avantageux à
l'humanité.

Je vous salue,

Signé CHAPTAL.

A PARIS De l'Impr. de MOREAUX et comp., rue Traversière St.-Honoré, n°. 24.

I